AF258804

IDÉES

SUR L'ESPÈCE

DE GOUVERNEMENT

POPULAIRE

Qui pourroit convenir à un Pays de l'étendue, & de la POPULATION PRÉSUMÉE de la France.

ESSAI présenté à la Convention Nationale, par un Citoyen.

Io sono anche pittore.

1792.

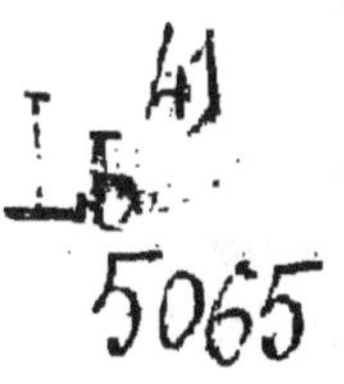

5065

AUX MANDATAIRES

DU PEUPLE FRANÇAIS,

En Convention Nationale.

Choisis pour venir, au nom de tous, donner à la France régénérée le 10 août 1792, une constitution vraiment digne d'elle, et qui assure à jamais le regne de la liberté, je saisis les premiers instans de votre réunion pour vous présenter ce fragment d'un ouvrage profond, fruit de dix années de méditations et d'observations. Celui qui l'a composé tint le langage de la liberté à une époque où son idiôme étoit à peine connu en France. Il poursuivit sans relâche, et démasqua l'intrigue partout où il la trouva, sans acception ni exception des personnes. Il fut long-tems le jouet de la fortune, l'objet des calomnies et des persécutions de tout genre. Il est encore en but aux traits impitoïables et obliques de l'envie qui, poursuit jusques dans la tombe les hommes de son caractere.

Il m'a abandonné le fragment que je vous offre, sous la condition que son nom resteroit ignoré : je lui tiendrai parole.

jj

Mais qu'importe le nom de l'auteur ? jugez l'ouvrage.

Lisez et méditez cet essai, représentans d'un peuple trop avancé dans les voies de la civilisation, pour avoir besoin qu'on y joigne un commentaire ; pénétrez-vous des vérités importantes qu'il renferme.

Gardez-vous de toute préoccupation, et sur-tout gardez-vous de porter un jugement partiel : avant de prononcer sur l'ouvrage saisissez-en l'ensemble : c'est une chaine dont tous les anneaux sont unis.

En vous appellant, la Nation a regardé vos efforts pour la servir, comme sa ressource contre les suites d'une régénération fausse et précipitée ; elle attend tout de vous. Accueillez la vérité présentée par telle personne qne ce soit : marchez avec franchise et courage dans ses voies. Songez que la Patrie est là, pour vous demander compte du bien que vous n'aurez pas fait et du mal que vous aurez laissez faire, ou que vous n'aurez pas prévenu.

THÉODORE LE SUEUR

Citoïen de la Section de la Réunion.

Ce 25 Septembre 1792, L'an quatrième de la Liberté et le premier de l'Égalité.

PREMIÈRE PARTIE.

De la CONSTITUTION *qui est à donner à l'État.*

CHAPITRE PREMIER.

DIVISION LOCALE.

I.

LE Territoire entier de la France, en y comprenant les Régions et Provinces naturellement enclavées, que les progrès de l'esprit social nous donnent le droit de supposer volontairement réunies, et concourantes avec elle à un pacte social commun, sera divisé désormais en *cent* et *une parties.* (a)

I I.

Sous le seul et unique rapport comparatif d'utilité co-incidente, et d'étendue, chacune de ces cent et une parties sera désignée par la dénomination de *cercle*, depuis un jusqu'à cent un.

I I I.

La totalité des terres dans chacun des cent et un cercles sera distinguée par *lots* de propriétés, suivant leurs capacités actuelles, et leurs idonéités productives dans leur rapport direct à la subsistance des hommes, et à celle

A

des animaux, dans une proportion dont les modes et les raisons seront déterminés plus bas.

Les habitans de tous les cercles en leur ensemble, et de chacun des cent et un cercles en particulier seront dénombrés; en sorte que de ces deux opérations primitives et fondamentales, il puisse résulter une connoissance exacte, 1°. de richesses territoriales, 2°. de population aussi égale et homogène que ces deux choses seront humainement et matériellement praticables.

I I I.

Quant aux Citoyens de tous et de chacun en particulier des cent et un cercles, ils seront distingués dans le dénombrement général, par age et par *sexe*.

Ils seront aussi classés en deux ordres *naturels*.

Savoir : Les hommes, suivant les ages, et tous indistinctement suivant un mode de proportion et de comparaison entre leurs propriétés respectives, soit celles *foncieres*, ou celles *industrielles*.

1°. Tous les Citoyens, indistinctement, qui auront atteint leur dix huitième année révolue, formeront le premier ordre d'age, et cette classe sera appellée *Ordre de la Jeunesse*.

Aucun des individus dont cet ordre sera composé, ne pourra prétendre à aucune sorte d'emplois ou places, qu'aux seules places et emplois *militaires*.

2°. A trente ans accomplis, et à tous les

ages au dessus, tout citoyen, indistinctement, sans nulle prérogative de naissance ou de fortune, entrera dans *l'ordre de virilité*. Et tous ceux qui seront parvenus à cet ordre, seront également et indistinctement susceptibles de toutes les places et emplois soit civils, soit *militaires*.

Outre cette première répartition *naturelle* des individus en deux ordres *d'ages*, la totalité des Citoyens, compris déjà dans l'une et dans l'autre, sera encore répartie en deux classes.

Ces deux classes, relatives à la possession et non aux personnes, seront distinguées entre elles par les deux dénominations de *Propriétaires du premier ordre*, et de *Propriétaires du second ordre*, ou *minus possidentes*, et *plus possidentes*.

Tout Citoyen de qui le revenu provenant d'un fond de terre, ou autre bien immeuble, ne s'élevra point au delà de 1500 livres ou *trois subsistances pleines d'individu*, ou de qui le revenu industriel *net* n'atteindroit qu'à 3000 liv. ou à *six subsistances* d'individu, sera rangé dans la Classe des Propriétaires du *premier* ordre, ou *minus possidentes*.

2°. Tous les Citoyens de qui les revenus soit fonciers et immobiliers, soit industriels *nets* s'éleveront, les premiers au dessus de 1500 liv., et les seconds au dessus de 3000 liv., seront dès lors rangés dans la classe des *Propriétaires du deuxieme ordre*, ou *plus possidentes*.

3°. les veuves, et filles célibataires qui seront parvenues à l'age de la majorité civile et qui jouiront d'un revenu foncier de 2000 liv. et plus, en immeubles, ou d'un revenu industriel de 3000 liv., seront comprises passivement, c'est-à-dire comme contribuables envers la chose publique, et comme tenues à se faire représenter dans cette seconde classe de propriétaires.

CHAPITRE II.

Limites, transmissions, répartitions des Propriétés, soit foncières, soit mobiliaires.

I.

N. B. La totalité de la surface agraire du Domaine possédé par la Nation, est constitutionnellement reconnue et déclarée appartenir essentiellement et primordialement à la masse de la Nation.

Toute *division*, toute subdivision de cette surface, étant reconnue et déclarée être, dans l'ordre naturel et primordial, une portion essentielle du Domaine général et commun, portion rétrocessible, mais non irrévocablement aliénable par la Nation, cette portion, en tant qu'elle est possédée actuellement par quelque individu, ou famille que ce puisse être, n'est et ne peut être censée appartenir à cet individu, ou à cette famille qu'en vertu d'une disposition conventionnelle, et pour la convenance *a posteriori,* de la Nation qui, dans l'origine, fut la propriétaire primitive et universelle.

D'où il suit que toute division, ou toute sous-division de ce Domaine général et commun, lorsque l'utilité publique viendra à l'exiger, pourra toujours être rappellée des mains de son possesseur actuel, dans celles du possesseur primordial et collectif, ce qui veut dire dans les mains de la Nation: principe sans l'adoption duquel toute *confiscation* seroit un *vol*.

C'est d'après ce même principe que la Nation, agissant par l'organe de la Convention Représentative, déclare qu'elle se réintègre dans sa propriété primordiale et indivise, afin de pouvoir disposer de nouveau des divisions et sub-divisions diverses de cette propriété, de la manière la plus avantageuse, la plus sure et la plus conciliable avec l'intérêt collectif.

Dans cette vue essentielle, la Nation ordonne que, dès à présent, et à l'avenir, tout individu; qui se trouveroit, par quelqu'acte, quelque titre, quelque chance d'accumulation fortuite d'hérédités que ce puisse être, soit en un seul ou en plusieurs domaines agraires ou fonciers quelsqu'ils soient, de qui le prodnit ou les produits s'élèveroient à 120,000 liv. ou à la subsistance effective de cent cinquante individus, ne pourra plus validement ni légalement acquérir aucun autre bien de la nature de ceux dont il vient d'être fait mention.

N'entend pas néanmoins la Nation assigner de bornes ou limites aux accroissemens des fortunes consistantes en propriétés d'aucune chose purement mobiliaire, telle qu'argent, effets publics, marchandises, navires, etc.

I I.

Quelque soit, soit par rapport au lucre, soit par rapport aux charges directes ou indirectes, la valeur réelle des fonds et celle des produits d'une hérédité, de droit rigoureux et toujours inéludable, tant en ligne directe qu'en ligne collatérale, toujours, venant à écheoir, l'hérédité sera partageable, et toujours en conséquence elle sera partagée par parts et portions égales entre tous les héritiers et héritières au même dégré, soit consanguins soit utérins du possesseur décédé.

I I I.

Dans les cas d'alliance par mariage, entre toutes les familles indistinctement, aucune part, portion matrimoniale ou dot, apportée par quelque Citoyenne que ce soit à l'époux auquel il arrivera à celle-ci de s'unir, ne pourra excéder la valeur, au produit net de 15,000 liv. ou vingt subsistances d'individus, et au capital de 3oo,ooo liv. , dans les cas où cette dot seroit fournie en fonds ruraux ou autres immeubles.

Mais en toute nature d'immeubles, argent, effets de Commerce etc. , les dots ou portions matrimoniales pourront être portées, au gré des parties, à des valeurs indéfinies.

I V.

Toutes successions, venant à écheoir à orphelins et Orphelines en minorité d'age, soit qu'elles consistent en fonds ou en meubles, tomberont de droit et sans aucune distinction, sous la surveillance immédiate, spéciale et de concours actif, des Délégués nommés par la Nation pour composer son Grand Conseil Exécutif.

Afin que cette Loi puisse encore s'utiliser en faveur des Orphelins et Orphelines en minorité, soit les capitaux, soit les produits annuels des propriétés foncières qui seront dans le cas d'excéder les frais de l'éducation et de l'entretien personnel des Orphelins et Orphelines en minorité, seront toujours versés et retenus dans le Trésor National; et jamais sous quelque prétexte que ce soit, ils ne pourront être confiés ni remis à aucune autre caisse, sous quelque garantie privée que ce puisse être.

Les divers capitaux dont il s'agit, seront toujours censés produire aux Orphelins ou Orphelines auxquels ils appartiendront, un intérêt égal à celui de l'État, à la déduction d'un sixième de cet intérêt, qui restera au Trésor National pour frais de garde et prime de cautionnement de sa part.

Les intérêts progressifs de tous ces capitaux qui seront accumulés dans le Trésor National, y seront joints et les accroîtront d'année en année jusqu'à l'époque de la majorité des Orphelins, et jusqu'à celle des mariages des Orphelines avec des Citoyens qui eux-mêmes devront avoir atteint l'age de majorité. Dans ce dernier cas, ces capitaux seront comptés et délivrés à ces derniers.

CHAPITRE III.

DISTRICTS, TRIBUS, considérés comme les élémens actifs de la formation, & comme les élémens passifs du complément du Gouvernement POPULAIRE; à établir en France.

I.

LA totalité de la surface agraire, productivè de l'État, divisée déjà plus haut, *(Chap. et Art. 1)* suivant une proportion aussi praticable qu'il sera possible, de ressources *territoriales*, et de population repartie, en cent et un cercles, sera ensuite sous-divisée en Districts, à raison de 1000 Citoyens de l'ordre de virilité, lequel nombre de 1000, sera essentiellement requis pour composer un District.

I I.

N. B. Nous adoptons ici, comme base effective, et sauf modifications, que l'État comprennent huit millions de Citoyens mâles en age de virilité.

A mille Citoyens de cet ordre par District, la totalité effective des Districts sera huit mille.

Dans chacune de ces huit mille sous-divisons appellées *Districts*, toutes, élémens politiques des délibérations intégrales des *tribus* et des cercles, et leur parties phisiquement et politiquement intégrantes, les mille Citoyens de l'ordre de *virilité* s'assembleront à un jour fixe, jour qui commencera la première période solemnelle de *l'Ere* politique à ouvrir ; et cette Assemblée aura lieu, à l'égard de chacun des Districts, dans le chef-lieu reconnu de chaque District de mille.

I I I.

Assemblés de cette manière, les mille Citoyens de l'ordre de virilité, composant un District *local*, éliront entre eux, *par la voie du sort* et non par la voie des suffrages, UN Citoyen SUR DIX.

Et les Citoyens élus de cette manière, seront qualifiés de *Députés ou de Représentans primaires*, et rempliront durant le cours de l'année de leur élection toutes les fonctions relatives.

I V

Il n'est point mal-aisé de sentir que chacun des huit cent Districts, étant lui-même composé de mille Citoyens de l'ordre de virité, *l'élection primaire*, dans chacun des huit cent Districts, d'un Citoyen, par chaque dixaine de Citoyens, sera de cent Citoyens sur la totalité de chaque District.

Or sur huit mille Districts, le résultat de ces *premières élections*, doit être huit cent mille.

A présent la Nation ordonne que chaque centaine, prise sur les mille Citoyens composant chaque Districts, soit la première représentation originelle, et qu'elle soit dénommée *Centurie Civique*, laquelle sera évidemment un huit millième du *Souverain collectif*.

V.

Dans chacune des Centuries civiques, formées comme il vient d'être dit, *par la voie du sort, et non par la voie des suffrages*, les deux Citoyens de qui les noms amenés les premiers par le *sort*, auront en conséquence été les premiers inscrits sur la liste, seront de droit, et sans contestations, savoir: le premier des deux, *Président* et le second, *Censeur* dans toutes les Assemblées de la Centurie civique, pour tout le tems de sa durée, ci-devant fixée à la Révolution complette d'une année politique, égale en durée à l'année naturelle.

V I.

Toutes et chacune des *Centuries civiques*, devenant représentativement la totalité de leurs Districts respectifs, formées et ordonnées, ainsi qu'il vient d'être dit dans les Articles précedens, unies ensuite, chacune à vingt-quatre autres Centuries civiques, semblables à elles mêmes, et faisant ensemble vingt-cinq Centuries, ou deux mille cinq cent représentans primaires de vingt-cinq mille Citoyens de l'ordre de virilité, en observant que ces réunions soient toujours formées d'après les voisinages et la contiguité locale ou arrondissement topographique, composeront autant de *Tribus politiques*.

V I I.

Dans chacun des arrondissemens, ou sur chaque étendue respective et déterminée des Tribus politiques, il sera choisi et désigné un gros bourg, ou ville de marché, situé autant que faire se pourra, au centre des vingt-cinq Districts de mille, qui formeront une Tribu politique; et la ville ou bourg choisi et désigné de cette manière dans l'arrondissement de chaque Tribu, sera le lieu des rassemblemens annuels de la Tribu représentée pour sa totalité par la réunion de ses vingt-cinq *Centuries civiques*.

V I I I.

Jusqu'au moment de l'incorporation réciproque, ou fusion des vingt-cinq Centuries civiques, correspondantes et représentatives de vingt-cinq Districts de mille, en la *Tribu* dont elles sont les élémens nécessaires et constitutionnels, chacune des vingt-cinq Centuries civiques sera conduite et présidée par ses propres Officiers *civils et militaires,* en ce qui pourra strictement concerner chacun de ceux-ci.

I X.

Pour organiser définitivement et en un seul corps de tribu les vingt-cinq Centuries qui en sont les élémens, d'abord il sera procédé par les vingt-cinq Centuries réunies à la nomination du chef annuel de la Tribu; ensuite à celle de cinq Lieutenans, ou chefs de quatre Centuries chacun, puis à celle d'un Garde général des actes des Archives, et de ses deux Aides ; et finalement à celle d'un maître, et de quatre surveillans ou censeurs des assemblées de la Tribu.

X.

Tous les officiers de Tribu qui viennent d'être nommés, seront élus par la voie des suffrages des vingt-cinq Centuries civiques.

Leur élection faite par cette voie, la moitié en nombre des Juges de paix des Districts composant la Tribu, la moitié des *Jurys*, la moitié des Administrateurs se joindront aux officiers de Tribu, et dans cet ensemble seront choisis les Membres qui composeront les Tribunaux d'assise ambulans par trimestre, et les corps Administratifs qui seuls seront à poste fixe durant toute l'année de leur exercice.

X I.

Les officiers *civils et militaires*, mais seulement quant à ces derniers, *ceux de l'ordre de virilité*, dans toute la Tribu légalement ordonnée, réunis soit en totalité, soit par des délégations égales en nombre à celles de toutes les autres Tribus dont sera essentiellement composé un *Cercle*, sur toute l'étendue et à l'égard de tous les Citoyens habitans du cercle, formeront le *corps gouvernant*, aux termes directs et littéraux des loix émanées du grand Conseil National

Législatif, *ratifiées* ensuite, et dès lors *sanctionnées* par les Assemblées primaires, et enfin *promulguées* dans les formes constitutionnelles, par le grand Conseil National *exécutif.*

X I I.

Dans les Assemblées formées des officiers de *l'ordre de virilité*, tant *civils* que *militaires* de toutes les Tribus du Cercle, aux époques déterminées à cette fin, sera élu par la voie des suffrages, et à l'exclusion rigoureuse et formelle de tous les individus actuellement dans quelqu'office civil ou militaire de la Tribu que ce puisse être, un Citoyen, lequel de la part du Cercle, concourra avec un autre Citoyen élu en la même manière par chacun des cent un Cercles, à former le *Grand Conseil National Exécutif.*

- *N. B.* Le nombre des Cercles étant cent un ; et les Représentans des Cercles dans le Grand Conseil National *Exécutif* étant un par Cercle, il résultera de cette proportion qu'il sera composé de cent un membres.

X I I I.

Ce sera dans cette même Assemblée de tous les officiers de *l'ordre de virilité*, tant *civils* que *militaires* des Tribus des Cercles, mais sous l'expresse condition de la réunion à ces mêmes officiers, tant *civils* que *militaires*, de la moitié tout au moins *en nombre effectif* des membres composans les vingt-cinq *centuries civiques*, représentations primaires des Districts de mille, qu'il sera procédé, *par la voie des suffrages*, à l'élection de douze Citoyens à élire dans chaque Cercle, pour que ceux - ci par leur réunion, composent le Grand Conseil National *Législatif*.

N. B. Le nombre des Cercles étant cent un, celui des Représentans des Cercles dans le Grand Conseil National *Législatif* étant de douze par chaqe Cercle, la totalité des Représentans de la Nation dans le Grand Conseil National *Législatif*, est de douze cent douze.

X I V.

Par cela même, et par cela seul qu'un Citoyen aura d'abord té élu Député de son District à la Centurie Civique ;

A plus forte raison encore, par cela même et par cela seul que ce Citoyen seroit devenu, *par la voie des suffrages*, officier *civil* ou *militaire* de sa Tribu ou de son Cercle, ce Citoyen, jusqu'à l'expiration du tems prescrit pour l'exercice de celles des Magistratures, ou de l'office dont il auroit été investi, sera formellement et rigoureusement exclu de toute capacité et idonéité *actuelles*, à être élu membre ou Représentant dans aucun des deux Grands Conseils, *Exécutif* ou *Législatif*.

Mais aussitôt le terme de sa magistrature ou office, soit de Centurie civique, soit de Tribu, soit de cercle, arrivé, ce même Citoyen recouvrera l'entière et indisputable

capacité et idonéité à telle charge, mission
représentation que ce puisse être.

X V.

Toutes les Assemblées primaires, ou de
mille Citoyens *de l'ordre de virilité*, composans les Districs, aux fins d'élire parmi
eux, leurs représentations primaires, ou *Centuries civiques respectives*, se convoqueront
régulièrement chaque année *de plano*, et
sans qu'il soit besoin d'aucun avertissement
ou autorisation, du premier au dix du mois
de Décembre, dans toutes les parties de
l'État; et les élections primaires que ces
assemblées auront pour objet, devront toutes être terminées *par la voie du ballotage*,
pour le premier du mois de Janvier suivant.

X V I.

De là, aura lieu la réunion des vingt-cinq
Centuries civiques, afin que celles-ci puissent s'identifier en Assemblée de Tribu,
avant le 5 Janvier.

Et les élections de tous les officiers *civils*
et militaires de Tribu devront être terminées, *par la voie des suffrages*, pour le
premier jour de Février.

X V I I.

Au premier Mars, les élections, pour la
première fois seulement, de la totalité, et
pour les années subséquentes de l'Ere politique nouveau, les élections seulement de

remplacemens par un tiers en nombre plus anciens élus dans l'un et l'autre Grand Conseil, *Législatif* et *Exécutif*, devront toutes être terminées par la voie des suffrages.

CHAPITRE IV.

DES GRANDS CONSEILS NATIONAUX.

N. B. Outre les divers Conseils partiels et dispersés, ou Assemblées *primaires* des Districts, *secondaires* des Tribus *tertiaires* des Cercles, et autres conseils exécutifs, relatifs, il existera perpétuellement et sans aucune suspension, ni discontinuation, comme points centraux délibératifs et actifs, deux Grands Conseils Nationaux.

I.

Le premier et le principal de ces deux Grands Conseils Nationaux, sera le Grand Conseil National *Législatif.*

I I.

Pour former, et pour completter ce Grand Conseil National *Législatif*, chacun des cent un Cercles fournira, en conséquence de l'espèce de progression d'élections dont les modes viennent d'être déterminés, douze Citoyens.

N. B. Quatre de ces Citoyens sur les douze, au *maximum* Constitutionnel, pourront

ront être choisis dans la classe que nous avons appellé propriétaires du *second ordre ou plus possidentes*. Mais huit au moins sur les douze, devront toujours être choisis dans la classe des propriétaires que nous avons appellé propriétaires du *premier ordre ou minus possidentes*, sans que jamais ni les uns ni les autres puissent être choisis dans l'ordre de la Jeunesse, mais bien au contraire tous sans exception dans l'ordre de la *Virilité*.

Ainsi le Grand Conseil *Législatif* perpétuel, et toujours subsistant et agissant, au moyen de l'amovibilité Constitutionnelle que nous y allons introduire, sera composé de douze cent douze membres.

I I I.

L'autre grand conseil national s'appellera Grand Conseil National *Exécutif*, ou des *Cent un*.

I V.

Le Grand Conseil National *Exécutif* sera, ainsi que le Grand Conseil National *Législatif*, perpétuellement subsistant et agissant.

Ce Conseil sera composé de *cent un* membres dans sa totalité, sous la condition rigoureuse et inflexible de l'amovibilité dont le mode sera ci après déterminé.

V.

Pour former et completter le Grand Conseil National *Exécutif*, chacun des *cent un* Cercles fera choix d'un Citoyen qui devra toujours être pris dans la classe des propriétaires *premiers* ou *minus possidentes*.

V I.

Nul Citoyen de l'une et l'autre classe des propriétaires du *premier* ou *second* ordre, *minus* ou *plus possidentes*, ne pourra être élu ou admis dans le Grand Conseil National *Exécutif*, s'il n'est dans l'ordre de *virilité*.

V I I.

Le terme essentiel et imprescriptible de toute mission individuelle, soit pour *représenter* la Nation dans son Grand Conseil *Législatif*, soit pour *servir* la Nation dans son Grand Conseil *Exécutif*, sera, au *maximum* éventuel, de trois années ; et, au *minimum* éventuel, l'exercice individuel de ces missions pourra se trouver réduit à une seule année, comme il résultera de ce qui sera ci-après déterminé.

V I I I.

Aucun des Citoyens qui auront été investis de ces missions, sous quelque prétexte, ou pour quelque cause que ce soit, ne pourra, soit qu'il sorte du Grand Conseil *Législatif*, soit qu'il sorte du Grand Conseil *Exécutif*, être réélu pour être membre d'aucun de ces deux Grands Conseils Nationaux.

Au contraire, tout membre sorti de l'un ou de l'autre de ces deux Grands Conseils, devra nécessairement passer trois années, à compter du jour de sa sortie de l'un ou de l'autre, dans une inertie politique parfaite et absolue.

I X.

A l'expiration de la première des trois années, durée Constitutionelle au *maximum* des effets des premières élections de la Nation pour l'établissement primordial de ses deux Grands Conseils *Législatif et Exécutif*, un tiers en nombre sur la totalité des membres élus pour composer d'abord ces deux Grands Conseils, sortira d'exercice et de mission.

Et afin de déterminer les individus qui devront composer ce tiers sur la totalité, *sortant,* on aura recours *à la voie du sort.*

X.

Aussitôt que le tiers en nombre qui aura été désigné par le *sort,* sera hors d'exercice, et ainsi déchu de sa mission, au terme exact et de rigueur déterminé dans les articles précédens, et en faisant faire le ballotage d'exclusion relatif de quatre sur douze, dans chacun des Cercles, et celui de trente-trois sur cent un, dans le Conseil *Exécutif,* autre nombre d'élus, de quatre cent quatre pour le Grand Conseil *Législatif,* et de trente-trois pour le Grand Conseil *Exécutif,* viendront, à jours et heure déterminés, remplacer les *sortans* de l'un et l'autre des deux Grands Conseils Nationaux.

X I.

Si parmi les Députés du tiers de remplacement annuel, un seul, ou plusieurs tardoient au delà de quinzaine à se présenter, la déchéance de leur mission résulteroit irrévocablement du seul fait de ce retard.

Et dans ce cas, *le cercle,* ou *les cercles,* de qui le Député ou les Députés seroient déchus de la manière ci-dessus, seroient tenus de les faire remplacer par les suppléans, qu'à cet effet ils devront toujours nommer en nombre *égal,* ou tout au moins proportionnel au nombre des Députés qu'ils seront constitutionnellement dans le cas d'élire.

N. B. Les élections de *suppléans* n'auront de validité et d'effet que pour le tems *égal* et correspondant en simultanéité, à celui de la mission des Députés eux-mêmes, dut le suppléant jamais n'entrer en fonctions de Député.

X I I.

Même renouvellement, et de la même manière, au bout de la seconde année, sur le premier des deux tiers *restans* des premiers élus.

X I I I.

Même renouvellement, et de la même manière, au bout de la troisième année, sur le dernier tiers *restant* des élus par les élections primordiales.

En sorte qu'au commencement de la quatrième année *politique,* la totalité numérique des Députés, composans primitivement les deux Grands Conseils Nationaux *Législatif et Exécutif* se trouve entièrement renouvellée ; et ainsi de suite.

X I V.

Aucune délibération, dans aucun tems, à aucune époque périodique, ou même accidentelle, pour quelque cause que ce soit, sous aucun prétexte, ne pourra avoir lieu, et n'aura force ni validité légale, soit de la part du Grand Conseil National *Législatif,* soit de la part du Grand Conseil National *Exécutif,* à moins que cette délibération n'ait été authentiquée par la présence incontestable, et constatée par l'émission *nominale* des suffrages *individuels* et *explicites* des cinq sixièmes en nombre des membres constitutionnellement composans l'un et l'autre des deux Grands Conseils Nationaux.

X V.

Afin que des absences suspectes et préméditées de la part des membres des deux Grands Conseils Nationaux, ne soient jamais dans le cas d'occasionner aucun retard dans la confection ou dans l'exécution des loix, tous les membres respectifs des deux Grands Conseils Nationaux, qui se trouveroient absens lors de trois appels nominaux consécutifs, ou lors de neuf appels nominaux non consécutifs, durant le cours entier de leur exercice ou mission, seront dès-lors déchus de leur mission, déclarés *faillans* envers leurs Commettans, et, comme tels, incapables d'aucune charge et délégation Nationale.

CHAPITRE V.

Distribution effective des pouvoirs politiques.

I.

Proposition, ou mise en question, de quelque projet de *Loi* que ce puisse être, pourra être faite, et devra en tout tems être reçue, de la part de tout citoyen, soit de l'ordre de la jeunesse, soit de l'ordre de la virilité, soit de la part de toute réunion volontaire de citoyens, en quelque nombre qu'il leur arrive de la faire; mais purement et simplement comme proposition de loi, avec la seule obligation, de la part des législateurs, d'en faire rapport *sur le bureau,* et de la présenter publiquement à la discussion dans l'Assemblée du grand Conseil National *Législatif.*

N : B : Seront cependant privés du droit de faire la proposition d'une loi quelconque, soit individuellement, soit collectivement, tous les citoyens composans actuellement le Grand Conseil National *Exécutif.*

Et ces mêmes citoyens ne deviendront au contraire aptes et admissibles à proposer aucun projet de Loi ou aucune matière à délibération, qu'après une révolution de deux années, à compter de leurs sorties respectives du Grand Conseil National *Exécutif.*

II

Discussion de toute Loi proposée, de la

manière qui vient d'être dite, appartient essentiellement et exclusivement au Grand Conseil National *Législatif.*

Mais il sera besoin des cinq sixièmes en nombre de la totalité des membres composant le Grand Conseil National Législatif présens, votans nominalement et sur appel individuel, pour prononcer validement et faire arrêter la présentation de toute Loi proposée et discutée, à la ratification populaire.

I I I.

RATIFICATION, ou SANCTION définitive de la Loi, *proposée d'abord,* ensuite *discutée,* et puis *présentée* par le Grand Conseil National Législatif, appartient exclusivement à la nation représentée légalement, 1° dans ses centuries civiques, 2° dans ses tribus politiques, 3° dans ses assemblée de cercles, où cette sanction doit être exprimée, sur la présentation des Loix discutées, par *oui* pour *l'affirmative,* et par *non* pour la *négative.*

I V.

Exécution prompte, exacte et toujours entière et litterale, de toute loi, proposée d'abord ensuite discutée, et finalement ratifiée par les pouvoirs compétens, sera procurée, suivie, sous sa propre responsabilité *individuelle et collective,* par le Grand Conseil National Éxécutif.

CHAPITRE VI,

Organisation essentielle & fondamentale des deux Grands Conseils Nationaux.

I.

·Aussitôt que les deux Grands Conseils nationaux, *exécutif* et *législatif* seront assemblés, chacun de ces deux Grands Conseils, séparément et de son côté, sans délai, et de la manière qui aura été d'abord provisoirement, et par la suite constitutionnellement prescrite pour chacun, procédera à l'élection et installation de son propre Chef et autres Officiers.

II.

Le Grand Conseil National Législatif élira dans son propre sein, à l'aide des deux voies combinées du sort et des suffrages ci-après détaillees. *(Deuxième Partie.)*

1º. Trois cent sur la totalité de ses propres membres, lesquels s'appelleront les *électeurs Législatifs.*

2º. Ces trois cent membres, répartis aussitôt en quatre divisions de soixante-quinze membres chacune, éliront par la voie des suffrages, *un Président, un Général séant, vingt Censeurs* ou *commissaires pour l'ordre,* parmi lesquels quatre seront alternativement appellés aux offices actifs de Secrétaires du Grand Conseil National *Législatif.*

I I I.

Le Grand Conseil National *Exécutif*, élira de la même manière, c'est-à-dire, par les deux voies combinées du sort et des suffrages qui seront ci-après détaillées, d'abord trente parmi ses propres membres ; et ces trente seront appellés *électeurs Exécutifs*.

Ensuite ces trente éliront, non plus par les voies combinées du sort et des suffrages, mais par la seule voie des suffrages individuels et nominaux, sans pouvoir désemparer, dans un tems donné,

1°. Un sur-Administrateur Général.

2°. Un Dépositaire du grand Sceau.

3°. Un Apposeur du grand Sceau.

4°. Cinq Grands Vérificateurs de l'Épargne.

3°. Douze Prudhommes, pour tous rapports, expéditions, sous leur plus stricte responsabilité personnelle, de toutes les affaires, tant celles extérieures que celles intérieures.

6°. Six autres Prudhommes formant un Comité *actif* pour toutes les affaires d'*urgence secrettes* et purement incidentelles.

I V.

Les élections et nominations diverses, ci-dessus déterminées, (*Art.* 2.) qui se feront dans le Grand Conseil National *Exécutif*, seront, spécialement et de droit, assujetties à la ratification, par majorité des suffrages, du Grand Conseil National *Législatif*. Suffrages qui seront recueillis en la manière qui sera déterminée. *(Seconde Partie. Chap. 3 , Art. 5 et 6.)*

V.

Les élections et nominations faites par les Électeurs *exécutifs*, primitifs *du sort*, dans le Grand Conseil National *Exécutif*, ne seront valides qu'au moyen de la ratification formelle et expresse, obtenue sur la proposition du Grand Conseil National *Législatif*, de la totalité des Assemblées *primaires* dans l'ordre génératif de la repésentation constitutionnelle : c'est-à-dire, à commencer par les Districts, puis par les Centuries civiques, les Tribus politiques, et enfin les Cercles.

V I.

Mais afin que la marche des affaires nationales ne puisse jamais être entravée, ni retardée par le défaut d'action de la part du *pouvoir exécutif*, pouvoir provisoirement concentré dans le Grand Conseil National *Exécutif* ou des *cent un*, les Officiers qui auront été élus dans ce même Grand Conseil *Exécutif*, par les trente Électeurs du sort, en attendant la confirmation nationale de leurs élections respectives, exerceront sous leurs responsabilités *individuelle* et *collective* les plus strictes et les plus sévères, leurs fonctions déléguées, précises et littérales, jusqu'au moment où auront été manifestées à leur égard, soit la ratification des choix qui auront été faits d'eux, soit l'improbation et opposition à ces choix de la part d'une

majorité d'un vingtième, sur la totalité des
Assemblées *primaires.*

V I I.

La durée de la présidence, dans le Grand
Conseil National *Législatif,* ne sera jamais
que de *quinzaine ,* ce Conseil n'étant point
actif, mais seulement délibérant, sous la
réserve et condition essentielle et fondamen-
talle, qu'aucun membre de ce Conseil ne puisse être réélu Président une seconde fois, sous
quelque prétexte de convenance, ni dans
quelque présomption de danger pour la chose
publique que ce puisse être, pendant toute
la durée éventuelle de sa mission à l'Assemblée primordiale, ou durant tout son *trien-
niat* dans les Assemblées subséquentes et
par succession d'amovibilité.

V I I I.

La durée *au maximum ,* et au delà de
laquelle devront irrévocablement cesser toutes les fonctions du Général - *Séant* dans le
Grand Conseil National *Législatif,* sera de
l'année politique révolue, et d'un seul mois
en *sus* ; sans que jamais ni sous aucun prétexte, ou pour quelque cause que ce soit,
la durée de ces fonctions puisse être pro-
longée.

I X.

Les Président et Général-*séant* seront les
deux seuls personnages *publics et actifs* dans
tout l'État qui , durant seulement l'exercice
de leurs fonctions respectives et non hors de

là, ni par delà, seront distingués par des cos-
tumes et par des marques diverses décrétées;
marques qui seront analogues à leurs charges
et dignités respectives.

X.

Outre le Général-*séant* de l'État, ayant
place, suffrage, et attributs extérieurs dis-
tinctifs dans le Grand Conseil National législatif, mais qui, sous tous les aspects de son
existence politique, sera toujours isolé du
Grand Conseil National *exécutif*, il y aura
toujours quatre autres Généraux marchans;

SAVOIR:

1. Le Général *marchant*..... du NORD.
2. Le Général............... du MIDI.
3. Le Général........... de L'ORIENT.
4. Le Général......,.. de L'OCCIDENT.

Il y aura pareillement, sous les ordres du
Conseil maritime, Conseil qui sera composé
d'un nombre déterminé des Membres du
Grand Conseil National exécutif, un Ami-
ral perpétuel, trois vice-Amiraux,

SAVOIR:

Un vice-Amiral............. du NORD.
Un vice-Amiral........ de L'OCCIDENT,
Un vice-Amiral......,....... du SUD.

Tous les Généraux marchans et tous les
vice-Amiraux seront amovibles, d'année en
année, de leurs Départemens respectifs dans
des Départemens situés dans des points

opposés , au gré des Commandemens qu'ils recevront du Grand Conseil National exécutif.

X I.

Durant tout le tems de leur exercice , qui sera de trois années consécutives, les quatre Généraux-*marchans* seront essentiellement exclus de toute espéce de part et de coopération au pouvoir délibératif, et de l'exercice de tout autre pouvoir et autorité, si ce n'est celle temporairement émanée de la Nation , et purement et simplement nécessaire et suffisante pour qu'ils puissent mener et diriger la force publique , soit offensive, soit défensive , dans toutes les opérations militaires décrétées par le Grand Conseil National *législatif,* formellement ordonnées ensuite par le Grand Conseil National *exécutif.*

X I I.

Chacun des quatre Généraux-*marchans*, sera honorablement salarié durant la paix. Aprés toute guerre qui viendra à être glorieusement terminée par ses soins, il lui sera décerné, ainsi qu'à chacun des vice-Amiraux qui se trouveront dans le méme cas, des honneurs et des récompenses.

X I I I.

Pour la première fois seulement, les quatre Généraux-*marchans,* et trois vice-Amiraux seront tous élus et nommés simultanément, par les Députés composans le Grand Conseil National *Exécutif.*

Mais ces quatre Généraux-*marchans*, et ces trois vice-Amiraux ne pourront néanmoins être choisis parmi les membres composans *actuellement* le Grand Conseil National *Exécutif :* au contraire, ils ne pourront l'être qu'à l'exclusion rigoureuse et formelle de tout membre actuel de ce Grand Conseil.

Par la suite cependant, dans le cas de vacance, par décès, par retraite ou par quelque cause que ce soit, le Général-*marchant* qui se trouvera dans le cas d'être remplacé, toujours de droit et *de plano*, le sera par le Général-*séant* à cette époque, dans le Grand Conseil National *Législatif.*

X I V.

Des quatre Généraux-*marchans* de l'état, d'abord nommés simultanément par le Grand Conseil National *Exécutif*, le premier dans l'ordre des choix faits par ce Grand Conseil, au bout de trois ans sortira d'exercice.

Le second dans l'ordre des choix, sortira au bout de quatre années.

Le troisième dans le même ordre, en sortira au bout de cinq années ; et le quatrieme au bout de six années.

Les trois vice-Amiraux sortiront pareillement d'exercice l'un après l'autre, dans l'ordre du choix qui aura été fait d'eux, mais dans une double proportion de durée.

A chaque sortie d'exercice d'un des quatre Généraux-*marchans*, le remplacement du sortant aura lieu par l'entrée en exercice du Général *séant*, *actuel*, dans le Grand

Conseil National *Législatif.* Mais jamais ce remplacement ou ces remplacemens, si éventuellement il devenoit indispensable d'en faire simultanément plusieurs, ne pourront être légalement faits au gré, ni en conséquence d'aucune délibération ou commandement du Grand Conseil National *Exécutif.*

Bien au contraire, toute entreprise en ce genre de la part de ce Grand Conseil, sera réputée *délit de haute trahison,* et, individuellement ou collectivement, au gré des circonstances et suivant les exigences des cas, elle sera poursuivie, jugée, et punie comme telle.

X V.

A leur sortie respective, ou expiration éventuelle de leurs fonctions du Généralat-*marchant,* chacun des ex-Généraux recouvrera, sans aucune difficulté et dans toute leur plénitude, sa voix *active* et tous ses droits originels et communs de Cité, lesquels droits auront été suspendus durant l'exercice de son Généralat.

Il en sera de même à l'égard des vice-Amiraux, et de tout citoyen appellé à quelque place que ce soit, où il aura été dans le cas de disposer de la force, et de la faire mouvoir.

CHAPITRE VII.

DICTATURE ÉVENTUELLE
pour les tems de danger.

I.

Lorsque des périls soudains et imminens viendront à menacer la chose publique, soit que ces périls se présentent de la part du dedans, soit qu'ils se présentent de la part du dehors de l'État, sur les avis qui en auront été reçus, provisoirement, mais sous la charge de la ratification explicite et positive à demander aux Cercles, Tribus et Assemblées *primaires* ou de Districts de *mille*, les sur-Administrateur Général, Dépositaire, et Apposeur du Sceau National, les dix-huit Prudhommes en exercice dans le Grand Conseil *Exécutif*, s'uniront sans délai aux Président, Général *séant*, aux dix Censeurs actuellement en exercice dans le Grand Conseil *Législatif*.

II.

Tous les Mandataires de la Nation qui viennent d'être dénommés dans l'article qui précéde, deviendront dès cet instant, les représentans temporaires et circonstanciels de toute la nation. Ils exerceront sous leurs responsabilités *individuelle* et *collective*, la souverainneté résidant dans le peuple et inhérente à la seule masse de la nation, tant par rapport aux affaires de la guerre et de la paix, soit celles exterieures, soit celles intérieures,

intérieures , des finances , du commerce ,
ces cultes religieux, que par rapport à l'application à faire de ces loix diverses , soit civiles
soit politiques , soit de circonstance , soit
déjà déclarées et reconnues pour être cons-
titutionelles , et sanctionnées comme telles
par la Nation.

I V.

Mais cette espéce de Conseil de Dictature déclarée constitutionelle , quelque pres-
sant que puisse paroltre par continuation le
danger de la chose publique , jamais ne
pourra rester formée par la réunion de ses
parties *actives* essentielles et avouées , ni
agir autrement que d'une manière provi-
soire et seulement pour l'espace de trois mois
consécutifs ; et cela , sous la plus rigoureuse
responsabilité individuelle et collective des
Membres constitutionnellement appellés à le
composer.

V.

Au bout de trois mois consécutifs révolus ,
cette Dictature sera de plein droit dissoute
et sans aucune force. Ce seroit même de la
part collective ou individuelle des Membres
qui y auroient été appellés , *crime de haute
trahison au premier chef ,* que d'en proroger
ou de prétendre en proroger l'exercice , à
moins d'un commandement explicite et direct d'en agir ainsi ; commandement qui ,
pour être suffisant et valide , devra avoir
été spontanément notifié à la Dictature en
exercice, quinze jours avant l'expiration de

son terme constitutionnel , de la part du
Grand Conseil National *Législatif*.

V I.

Si l'urgence et l'imminence du danger où
continueroit de se trouver la chose publique
étoient telles, qu'il devint indispensable de
proroger la Dictature éventuelle au delà d'un
second trimestre révolu; cette seconde fois,
la dictature ne pourra plus être prorogée en
vertu du seul commandement explicite ,
direct , et notifié à tems du Grand Conseil
National *Législatif*.

La Dictature , en pareil cas , ne pourra
être prorogée légalement et sans crime ,
pour un autre trimestre seulement, qu'en
vertu d'une détermination , exprimée à
l'avance , de la volonté directe et explicite
de la Nation , volonté qui devra être mani-
festée par les Assemblées primaires ou de Districts , par les Tribus , et par les Cercles.

V I I.

Le troisième trimestre actif du Conseil
de Dictature expiré , la Nation ne pourra
plus être censée en vouloir ordonner la prorogation , à moins que , positivement et effec-
tivement convoquée en *Convention Natio-*
nale , la Nation ne s'en explique.

Et dans tous les cas de nécessité de cette
tierce prorogation de la Dictature éventuelle
et multiple , la Convention Nationale sera
toujours appellée par le fait, et pourra s'assem-
bler *de plano*.

CHAPITRE VIII.

Fonctions habituelles & réparties du Grand Conseil National Exécutif.

Les cent un membres, composans le Grand Conseil National *Exécutif*, seront répartis en plusieurs Départemens, et en dirigeront eux-mêmes personnellement toutes les opérations de détail sous leurs responsabilités.

Ces divers Bureaux seront :

1°. Le Bureau des affaires judiciaires.
2°. . . . . des Cultes religieux.
3°. . . . . intérieures.
4°. . . . . du Commerce.
5°. . . . . Diplomatique.
6°. . . . . de la force publique de terre et de mer.

Chacune de ces divisions *actives*, mais non délibératives du Grand Conseil National *Exécutif*, aura une organisation, et éprouvera, dans son ensemble et dans ses parties, un ordre d'amovibilité, calqué sur les mesures relatives, arrêtées pour le Grand Conseil National *Législatif*.

CHAPITRE IX.

FORCE ARMÉE, défensive & offensive.

I.

DANS chacun des 8000 Districts de mille, au commencement de chaque année politique, l'ordre de la Jeunesse s'assemblera.

Toujours ces Assemblées seront présidées par des Commissaires *ad hoc*, par les Centuries *civiques* respectives, commissaires qui étant pris dans ces *centuries mêmes*, se trouveront toujours par conséquent être de l'ordre de *Virilité*.

I I.

Formée, dans chaque District, en Assemblée *primaire* particulière, militaire et non délibérative, la Jeunesse choisira, dans son sein, un Citoyen sur cinq ; et le Citoyen de l'ordre de la Jeunesse, qui aura été choisi de cette manière sera qualifié de *CHAMPION pour l'an* . . . . de la Jeunesse du District de . . . .

N. B. Il est sensible que si chaque District comprend mille Citoyens de l'ordre de la Jeunesse, c'est-à-dire, ayant dix-huit ans accomplis et en ayant moins de trente révolus, chaque District fournira deux cent *Champions* ; ce qui, pour huit mille Districts s'élevera à un million six cent mille *Champions*.

I I I.

Dans chacun des huit mille Districts,
l'ordre de Jeunesse élira en outre, un homme sur cent ; et cet homme sera qualifié de
Cavalier de District.

La même Jeunesse élira encore un Citoyen par chaque centaine de Citoyens.
Ce dernier sera qualifié d'*Argonaute* du District ; et sa destination sera le service de la
marine.

N. B. Un homme sur cent par chaque
District de mille hommes de l'ordre de Jeu-
nesse, en résultat, c'est dix hommes par
District.

Sur huit mille Districts, c'est quatre-vingt
mille hommes. Plus haut nous avons dit,
un homme sur cinq pour les *Champions :*

D'après ces données nous avons droit de
récapituler, et de dire :

Infanterie. Sur 8000 Districts de mille
           a 1 sur 5 . . . 1,600,000

Cavalerie. Sur 8000 Districts
          de 1000 à 1 sur
          100   80,000

Marine. Sur 8000 Districts
          de 1000 à 1 sur
          100   80,000

Total de la force publique.   1,760,000

I V.

Durant les trois mois consécutifs, Mars,

Avril, Mai, de chaque année *politique*, à plusieurs reprises, durant ce trimestre entier, dans la ville centrale désignée de chaque arrondissement de *Tribu*, il sera ouvert des jeux militaires et des concours d'émulation pour toutes les parties, soit d'instruction intellectuelle, soit d'exercice corporel, qui sont relatives, tant à la conduite qu'aux détails mécaniques des genres *d'armes* divers : 1°. Infanterie, Artillerie, Génie. 2°. Cavalerie. 3°. Marine et Navigation, lesquels concourent à composer la plénitude de la Force publique *offensive et défensive*.

V.

Ces jeux et exercices militaires divers seront appellés *Polemachies annuelles*.

Chaque fois qu'ils auront lieu, ils seront clos par les Élections, que les Champions, Cavaliers, Argonautes de chacune des Tribus feront entr'eux, de

Infanterie. . . . . . 800 . . . hommes.

Cavalerie. . . . . 100 . . . hommes.

Argonautes. . . . 100 . . . hommes.

————————————

1000 . . . . par Tribu :

ce qui, supposant trois Tribus par Cercle, produiroit en tout tems une armée ordinaire, effective et active, de 303,000 hommes; et ce qui ne seroit que la huitième partie de la force publique possible et réellement existante.

V I.

Les troupes annuellement employées en

remplacement de cet ordinaire des guerres, par chacune des Tribus, seront distinguées entre elles par les dénominations suivantes:

1°. Les 800 Fantassins artilleurs etc.

2°. Les 100 Cavaliers . . . .

de la Tribu *A.* s'appelleront la Légion *A ;* et les Légions de Tribu seront chacune de neuf cent.

La totalité du contingent annuel de chaque cercle sera de trois Légions, chaque cercle consistant en trois Tribus ; et ce contingent, si on le suppose être celui du cercle *B.* s'appellera la division *B.* Ainsi du reste.

Les cent Argonautes fournis par la Tribu *A.* s'appelleront *l'équipage* A. et trois équipages réunis, formant le contingent du Cercle *B.* , s'appelleront la *Classe* B.

V I I.

Il sera déterminé, pour toutes les parties et divisions de la force publique en activité, des règles d'élection, et des modes de suffrages ; afin qu'elles puissent se donner des officiers de leur propre confiance, et pour qu'elles soient dans le cas d'adhérer à des modes d'organisation spontanés, mais qui soient tels néanmoins que de grands corps d'armées puissent être rapidement formés de tous ces corps élémentaires de l'armée Nationale ordinaire.

V I I I.

La Force armée, dans le résultat ordinaire et habituel exposé ci-dessus, (*Art. 5*) sera le *minimum* de la force armée toujours subsistante et toujours en activité dans l'intérieur.

D'une année *politique* à une autre année *politique*, le renouvellement entier de cette force aura lieu dans ses diverses parties et dans son ensemble.

Ce nombre seul sera constament maintenu, afin de fournir en tems de paix à toutes les garnisons, pour co-opérer à tous les genres de bon ordre, repos, et sureté intérieure, sous les seuls auspices de la *Loi*, et toujours au gré des impulsions *du Pouvoir Civil*.

I X.

En cas de guerre, cette même force armée ordinaire, correspondante à une force armée sept fois plus considérable qu'elle-même, pourra facilement être doublée, triplée, quadruplée même, par le moyen d'appels graduels ou simultanés, semblables à l'appel annuel qui sert au rassemblement de la force active ordinaire.

X.

Dans les cas où, après et malgré la loi rigoureuse de ne jamais entamer la première une guerre par l'invasion du territoire des Puissances étrangères, loi que la nation s'est imposée, il seroit indispensable d'y porter des armes, soit afin de prévenir, soit afin de repousser leurs attaques, la totalité de l'Armée Constitutionnelle ordinaire, telle qu'elle vient d'être déterminée, venant à se porter au dehors, tant par terre que par mer, aussitôt cette armée ordinaire sera suppléée au dedans par pareille armée de remplacement.

X I.

Les Commandans Généraux de toute armée ou armées, marchant hors des frontières de l'Empire, seront toujours pris parmi les quatre Généraux-*marchans* en exercice ; et le Commandement général de la totalité de l'armée *défensive*, ou combattant dans l'intérieur, sera de droit dévolu au Général-*séant*, actuel, dans le Grand Conseil *Législatif*.

X I I.

Nul Citoyen ne sera exempt de marcher sous les armes pour la défense de la Patrie.

Mais dans le cas d'une guerre *offensive* ou extérieure, le fils unique d'une famille, un frère sur deux dans une maison, seront exempts de marcher.

Quelque puisse être le nombre des frères dans une même famille, il ne pourra jamais y avoir qu'une moitié des enfans mâles du même père qui soit rigoureusement obligée de marcher.

X I I I.

Quiconque refusera de marcher à la guerre, après en avoir été légalement sommé, sera déchu de tous ses droits de Cité, et payera, en sus des contributions communes, le cinquième net de son revenu annuel.

X I V.

Mais pour rendre, autant qu'il est possible, l'effet de l'Art. précédent moins *co-actif*, dans le cas de la mise sur pied d'un doublement extraordinaire de l'armée ordinaire, la partie *active* du Grand Conseil *Exécutif*, chargée de l'Administration des armées sous la dénomination de Bureaux des Guerres, pourra être autorisée à faire, parmi les Citoyens des deux ordres de *Jeunesse* et de *Virilité*, des levées de volontaires.

X V.

Mais ces levées de volontaires ne pourront avoir lieu que sous l'expresse et inviolable réserve, que jamais aucune de ces levées ne pourra excéder, en nombre collectif, la moitié des contingens militaires constitutionels des Tribus politiques, en quelques genres *d'armes* que ce soit.

X V I.

Les soldes du tems de paix, celles du tems de guerre, doubles des précédentes, les récompenses, traitemens, indemnités pour les familles, soit à raison des blessés ou des morts, les couronnes civiques, les triomphes etc. seront décernés par les seules Assemblées *primaires*, sur le rapport du Grand Conseil National *Législatif*.

CHAPITRE X.

CULTES RELIGIEUX.

I.

Tout culte religieux exclusif par principes, intolerant et persécuteur, sera strictement et rigoureusement défendu dans toutes les parties de l'Etat.

I I.

Tout culte religieux, tolérant dans ses principes, y sera au contraire permis, et y jouira de la plus entière liberté et de toute protection.

I I I.

Quelque soit le culte professé par un Citoyen, si ce culte n'est ni intolérant, ni persécuteur, ni exclusif dans ses principes, ce citoyen sera admissible à tous les emplois civils et militaires, *et vice versâ.*

I V.

Tous les ministres, dans toutes les religions professées dans l'Etat, seront éligibles dans toutes, par le peuple.

V.

Tous ces ministres seront salariés au gré, et au moyen des collectes volontaires des sectateurs de leurs croyances respectives.

CHAPITRE XI.

BAZES de l'Ordre Judiciaire.

I.

Dans chacun des cent un Cercles dont est composée la totalité de l'Empire, il sera élu par les voies combinées du sort et des suffrages ;

1° Par chaque District de mille, *un Juge de paix.*

2°. Par chaque District de mille, *un Juge d'assises.*

3°. Par chaque District de mille, *un Juge confirmateur.*

I I.

Les Juges *d'assises* réunis de chaque district de mille dans le lieu central de la *Tribu,* formeront le fonds du *tribunal d'assises* ambulant par trimestre.

I I I.

Lors du passage du tribunal *d'assises* ambulant dans le lieu du *domicile* d'un appellant d'une sentence *arbitrale,* cette même cause sera portée devant les juges *d'assises ;* et les juges *d'assises* infirmeront , confirmeront, ou casseront , en *toutes matieres civiles,* les prononcés des *arbitres,* ainsi que ceux des juges de paix, lesquels seront les juges *uniques* en première instance, et seulement en matières civiles.

I V.

Dans les matières *Criminelles*, le jugement en première instance sera rendu par les juges *d'assisses*, sur le rapport des *jurys* : mais d'autres juges, ambulans comme ceux *d'assisses*, et distingués de ces derniers par le titre de juges *confirmateurs*, également élus dans les districts par les voies combinées du sort et des suffrages, réunis ensuite en tribunaux, d'après leurs élection et délégation de pouvoirs dans le chef-lieu de chaque tribu, seront tenus de revoir et d'examiner toutes les procédures et sentences rendues et motivées sur les rapports des *jurys* ; et jamais aucune de ces sentences ne pourra avoir d'exécution qu'elle ne soit revétue de l'approbation, de ces juges *confirmateurs*.

Dans le cas où les juges *confirmateurs* refuseroient leur approbation, infirmeroient formellement, ou casseroient la sentence rendue par les juges *d'assisses* sur les rapports et opinions du *jury*, le procès sera repris *ab initio*, et corrigé par un autre *jury*. Mais ce second *jury*, duquel seront exclus tous membres du premier, sera dans le cas de prononcer irrévocablement la condamnation ou la décharge de *l'accusé*.

V.

En matières criminelles, le jugement des Pairs, ou *jurys*, sera adopté comme le seul légal et peremptoire.

V I.

Outre les deux parties primitives de l'ordre judiciaire ci-dessus adopté , c'est-à-dire des arbitres ect. en matières civiles , et du *jury* en matières criminelles , il sera appellé circonstanciellement , à époques déterminées et limitées, des Cours de Prudhommes ou *d'équité*.

V I I.

Lobjet de l'établissement temporaire de ces Cours *d'équité*, sera de prononcer sur toutes plaintes à l'occasion d'offenses et d'injures dont les espèces n'auroient été ni prévues ni déterminées par la Loi.

N. B. Ces dernières Cours seront appellées *Cours d'Équité* , afin d'être distinguées des *Cours de Justice* , qui ne doivent faire autre chose en jugeant, que appliquer littéralement une Loi complette.

V I I I.

Quelqu'équitables qu'elles puissent être , jamais les décisions des *Cours d'équité* ne pourront entrainer ni peine corporelle ni flétrissure civile. Leur manifestation ne pourra imprimer qu'une tache *morale* aux prévenus; et elle servira à procurer , de la part des Législateurs , un supplément à la Loi.

F I N de la premiere Partie.

SECONDE PARTIE.

Des Élections combinées dans leurs trois Élémens moraux & nécessaires.

LE Principe de l'imperfection *active* de tout gouvernement populaire, celui de sa dissolution inévitable, gissent sur-tout dans les modes défectueux de ses élections aux charges, emplois et dignités.

Le plus grand de tous ces vices est la trop grande permanence du pouvoir dans les mêmes mains; et cette permanence, qui finit par être absolue, est toujours la conséquence des facilités qu'y trouvent les hommes intrigans, ambitieux et opulens de parvenir à s'y faire élire.

Le LÉGISLATEUR propose d'écarter toutes ces facilités destructives, en offrant à la ratification du Peuple, les moyens d'opposer solidement et à jamais, tant dans les élections primaires que le Peuple fera par lui-même, que dans les élections qui seront dans le cas d'être faites dans toutes les Assemblées des Représentans divers de sa Souveraineté *active*, 1°. les obstacles nécessaires et imprévenables du *sort*, 2°. d'opposer aux caprices de ce sort bizarre et aveugle, les lumières et l'impartialité nécessitée du *choix*, 3°. d'enlever, par l'obstacle de la durée du tems, tout moyen d'influence à la brigue et à la corruption. C'est dans cet esprit qu'il a tracé les méthodes d'élection qui vont suivre; il espère que la combinaison de ces trois moyens y a été saisie d'une manière qui sera facilement appréciée.

CHAPITRE PREMIER.

Des choses matériélles, nécessaires pour les élections, dans un gouvernement populaire.

I.

1°. Dans chaque District de mille, un édifice doit être construit, ou consacré parmi ceux existans qui paroîtront propres à cet usage, aux élections primaires.

2°. Cet édifice doit être assez spacieux pour contenir la totalité de ceux qui ont le droit de voter. Il doit être distribué dans son intérieur, de manière qu'à son entrée se présente un premier emplacement ou salle, qui sera appellé *salle d'introduction.*

- 3°. Ensuite de cette première salle, une autre salle assez spacieuse pour contenir, vers son extrémité d'environ quinze pieds quarrés, un parquet qui sera appellé lieu du ballotage; et sur chacun de ses côtés, des bancs sur cinq rangs, sur chacun desquels pourront être placés cent Citoyens. Ces bancs devront être tellement placés, et l'espace intermédiaire d'un des côtés au côté oppo-
sé,

sé, devra être tel que dix Citoyens puissent y passer de front.

Cette seconde salle, qui sera celle des *Electeurs*, doit être disposée de manière qu'il puisse être pratiqué sur ses flancs, de droite et de gauche, cinq chambres assez spacieuses pour contenir chacune douze personnes, et les bureaux où celles-ci seront dans le cas d'écrire. Chacune de ces dix chambres, ou emplacemens, doivent être disposées et ordonnées de manière qu'aucune d'entr'elles ne puisse avoir de communication avec l'autre. Ces chambres seront appellées *Chambres des Suffrages*.

I I.

1°. La Salle d'entrée ou d'*introduction*, servant d'anti-chambre à la grande salle des *Elections*, devra être garnie d'armoires en nombre égal aux lettres de l'alphabet, et, désignée depuis *A* jusqu'à *Z*, chacune par l'une de ces lettres.

2°. Dans chacune de ces armoires, seront déposées, une boîte contenant 900 billes blanches marquées de la même lettre que l'armoire, et une boîte contenant 100 billes noires marquées aussi de la même lettre. Toutes ces billes seront semblables quant à la grosseur.

3°. La salle d'*introduction* servira encore de lieu de dépôt à dix urnes avec leurs piedsdestaux, ou supports de cinq pieds et demi de hauteur. Les *urnes*, que ces supports porteront, seront assez grandes pour contenir chacune 200 billes, nombre qui fait le quart de mille, totalité des billes à répartir dans les quatre urnes.

4°. Cette salle d'*introduction* sera encore décorée d'un grand tableau, offrant un catalogue de numéros depuis 1 jusqu'à 1000. Chacun de ces numéros sera moulé sur une planchette d'un demi-pouce de large sur deux pouces de long, mobile dans sa coulisse. Les planchettes seront disposées sur dix colonnes, par cent ; elles pourront être tirées au moyen d'un cordon passé dans celle de leurs extrémités, qui touchera à l'entrée de leurs coulisses respectives.

5°. La salle d'*introduction* sera encore pourvue, dans une vingt-quatrième armoire, de huit bassins de bois ou de métal, d'un pied et demi d'orifice, et de huit pouces de profondeur.

6°. La salle d'introduction sera encore le dépôt de dix boîtes de sept pouces en quarré chacune, composées de deux boîtes adossées. L'intérieur de la boîte à gauche sera doublé d'une étoffe de laine épaisse de couleur blanche; celle à droite le sera d'étoffe de laine épaisse de couleur verte. A chacune de ces dix boîtes doubles sera joint un voile de serge d'un tissu serré, aux trois couleurs Nationales.

7°. Outre la garniture *utile*, dont on vient de parler, et dont ce qui va suivre fera connoître l'usage, la salle d'*introduction* sera garnie de dix sièges seulement, et de dix bureaux à écrire. Ces derniers seront placés sous les colonnes composant le catalogue de *mille*, dont il a été parlé au paragraphe 4 de cet Article.

I I I.

La salle des Électeurs sera pourvue des fauteuils et tables nécessaires pour garnir l'estrade du fond de cette salle. A six pieds de cette estrade, élevée d'un pied, afin que les Officiers de l'Assemblée apperçoivent et soient apperçus, viendront aboutir les cinq rangées latérales de bancs; et entre ces bancs et l'estrade, sur la largeur de six pieds, seront pratiquées deux portes, l'une à droite, l'autre à gauche. Ces portes donneront entrée sur des corridors latéraux, corridors qui meneront *auxdites chambres des suffrages,* dont cinq auront été pratiquées sur chaque côté de la longueur des deux salles, chambres qui, pour causes qui seront bientôt exposées, doivent avoir des sorties sur le déhors.

CHAPITRE II.

Introduction des Votans, de la manière d'en connoître le nombre, de l'emploi du sort dans les élections.

I.

1°. A son de trompe, d'avance, et durant trois jours, à intervalles égaux, sur neuf, tous les citoyens de l'ordre de virilité seront avertis de se rendre un tel jour, à sept heures du matin, à la maison Électorale. Ils seront aussi prévenus qu'on peut y entrer depuis sept heures jusqu'à dix; mais que passé cette dernière heure, personne, sous aucun prétexte, n'y pourra plus obtenir d'accès.

2°. En entrant par la salle *d'introduction*, chaque citoyen ira d'abord vers le catalogue des numéros 1 jusqu'à 1000. Il tirera une des mille planchettes formant les dix colonnes de ce catalogue ; et, en montrant le numéro qu'il aura pris, il obtiendra son entrée dans la salle principale, dite des Élections. Arrivé et placé dans cette salle, il gardera le numéro qu'il aura tiré des colonnes du catalogue, jusqu'à ce que ce numéro ait été reconnu, et lui soit redemandé par un des dix censeurs aux entrées.

3°. A dix heures sonnées, les dix censeurs aux entrées, après avoir soigneusement fermé toutes les portes extérieures , feront leur entrée en qualité de *Votans*, et se placeront dans la salle des Élections.

4°. Mais avant d'y prendre place néanmoins , ces dix censeurs, chacun dans une des rangées des dix bancs latéraux, dont cinq sont à droite et cinq à gauche, reconnoîtront les citoyens , leur retireront les planchettes numérotées du catalogue.

5°. Chacun des dix censeurs aux entrées, ayant contribué de cette manière à vérifier le nombre des citoyens de l'ordre de virilité présens, l'un d'entre ces dix censeurs en fera le recensement; ensuite il proclamera le nombre de ces citoyens en ces termes :

A la séance électorale du...du mois de.....l'an....... sont présens mille citoyens.

Il dira 95o, ou 900, le nombre qui s'y
trouvera. Et aussitôt qu'il aura été vérifié
et proclamé que ce nombre des citoyens
présens surpasse deux cent cinquante, le
doyen d'age ira prendre le fauteuil de Président, le second doyen d'age la chaire du
Censeur au centre du pied de l'estrade.

I I.

6°. Deux citoyens de l'ordre de la jeunesse apporteront alors deux boites, l'une
revetue de serge blanche, l'autre de serge
verte. La première contiendra vingt-trois
billes blanches, égales en grosseur, marquées
depuis A jusqu'a Z.

La boite blanche sera présentée au premier
doyen d'age qui en tirera, *au hazard*, une
bille ; et la bille qu'il aura amenée (supposons que ce soit la bille blanche Y.) sera
la bille blanche employée dans la première
partie de l'élection du jour.

La boite verte sera présentée de la même
manière au sous-Doyen d'age de l'Assemblée:
celui-ci en tirera une bille noire (supposons
que ce soit la bille noire B.) et dans ce cas
la bille noire B, sera celle employée dans
la première partie de l'élection du jour.

7°. A l'instant où le sort aura désigné ces
deux billes pour les billes du jour, dix
citoyens de l'ordre de la jeunesse apporteront, et ils placeront à l'extrémité supérieure,
ou haut bout de chacune des cinq rangées latérales des bancs à droite, et de ceux à
gauche, une urne garnie de billes blanches Y
et de billes noires B, dans la proportion d'un

dixième de ces dernières sur la totalité des billes; et cette totalité répartie en dix lots de billes, égaux et semblables, proportionnés au nombre *vérifié* des citoyens présens.

8°. Les dix urnes placées au bout des dix bancs latéraux, et un censeur placé au pied de chacune des urnes, tous les citoyens, en ordre et en silence, quitteront leurs bancs; et iront, chacun à l'urne placée à l'extrémité du sien, tirer au hazard une bille.

9°. Les citoyens qui auront amené des billes blanches Y regagneront les places qu'ils auront quittées, en passant le long de l'estrade, par le milieu de la salle, et les extrémités inférieures ou bas bouts de leurs bancs respectifs; et arrivés à celles-ci, ils y laisseront tomber dans les bassins qui y seront placés, leurs billes blanches Y.

10°. Ceux des citoyens qui, au contraire, auront amené des billes noires A, seront les Électeurs du jour; et, aussitôt qu'il en aura été nommé ainsi dix par le sort, ces dix s'achemineront vers une des portes latérales ils passeront par le corridor latéral correspondant dans l'une des chambres des suffrages, dans laquelle ils seront accompagnés par un censeur secrétaire, et qui sera aussitôt fermée. Ainsi des autres Électeurs.

11°. Le dixième en nombre des citoyens *votans*, ayant successivement et de la même manière acquis par le sort le caractère d'électeurs, et ayant, aussitôt et par dixaine, été sequestrés de l'Assemblée, conduits et enfermés dans les dix chambres latérales des suffrages, l'Assemblée générale des citoyens attendra, en silence, que les Électeurs ayent rempli la tâche qui leur aura été ainsi assignée par le sort. Et durant ce travail des Électeurs, dix citoyens de l'ordre de la jeunesse feront, dans les bancs latéraux, la distribution, à chaque Citoyen, d'une bille blanche appellée bille de *confirmation*.

CHAPITRE III.

Emploi des suffrages des Électeurs; rapport & valeur seulement conditionnelle, de ces mêmes suffrages.

I.

Arrivés dans la chambre des suffrages n°. 1, les dix premiers Électeurs y écriront, chacun sur un bulletin séparé, le nom du citoyen qu'ils veulent proposer pour la place vacante. Ils signeront chacun leur bulletin de leur nom et du titre:

électeur par le sort, le . . . du mois de ·

Même chose se pratiquera dans toutes les autres chambres des suffrages.

Après avoir ainsi rempli leur mission, les dix électeurs du sort sortiront de chaque chambre des suffrages, non point pour rentrer dans la salle des élections, mais bien au contraire pour se retirer tout-à-fait par les portes extérieures de ces chambres, afin qu'ils ne puissent pas être soupçonnés de prendre aucune part ultérieure à l'élection, que l'Assemblée a le droit de consacrer ou d'annuller.

I I.

Les bulletins faits dans les chambres des suffrages par les Électeurs du sort, portant les noms des *compétiteurs* proposés par ceux-ci, seront apportés, par les dix censeurs secrétaires, dans la salle générale des élections.

Ces bulletins seront remis aussitôt par les dix censeurs secrétaires, aux citoyens placés vers le centre de chacun des dix bancs latéraux. Le citoyen du centre du banc nº 1 à droite se levera, et à haute et intelligible voix, il lira les noms des compétiteurs écrits sur les dix bulletins de la chambre des suffrages qui lui auront été remis; et il en sera successivement ainsi de tous les autres bulletins.

Durant ces lectures, les secrétaires de l'Assemblée feront note du nombre des suffrages obtenus dans les chambres, par chacun des compétiteurs qu'ils entendront nommer; puis, après la lecture, vérification des notes qu'ils auront prises sur les bulletins, en présence de six citoyens détachés pour cet effet du gros de l'Assemblée.

I I I.

Celui des *compétiteurs* désignés par les suffrages, qui en aura réuni la seule pluralité absolue, sera aussitôt proclamé par le Président de l'Assemblée, comme ayant cette pluralité; et, comme tel, mis de la manière qui suit au ballotage *définitif*.

I V.

Dix Citoyens de l'ordre de la Jeunesse, portant chacun une des boîtes à deux ouvertures, qui ont été décrites *(2ème Partie, Chap. 2. parag. 6.)* couverte de son voile d'étamine tricolore, seront admis dans la salle.

Ces dix jeunes Citoyens passeront dans les bancs latéraux ; chaque votant assis sur ces bancs, soulevera le voile de manière à pouvoir laisser tomber la bille blanche de *confirmation,* remise entre ses mains *(Chp. 3 Art. 11.)* dans l'ouverture à *doublure blanche ,* si son vœu est de ratifier l'élection du *Compétiteur* proposé; ou dans l'ouverture à *doublure verte ,* si son vœu est d'exclure ce *Compétiteur.*

V.

Toutes les billes de confirmation distribuées aux votans, *(P. 2. C. 1. A. 2. parag. 6.)* étant recueillies de la manière décrite dans l'*Art.* 4. , seront portées sur le bureau. Là, d'une manière visible, les billes recueillies dans les boîtes à *doublure blanche,* seront versées dans un *bassin blanc* placé à la droite du Président, et les billes recueillies dans les boîtes à *doublure verte* seront versées dans un *bassin vert,* placé à sa gauche.

Le compte des unes et des autres sera fait : si le *Compétiteur* réunit cinq-huitièmes des suffrages par les billes versées dans les boîtes blanches, son élection sera valide, étant dèslors ratifiée par le vœu général; *et vice versâ,* ce *Compétiteur* sera déchu de son élection.

V I.

Dans le cas où le *Compétiteur* proclamé le premier, auroit réuni un nombre de billes moindre que les cinq-huitièmes, l'autre *Compétiteur* qui, après ce premier, auroit obtenu la pluralité des suffrages des chambres, sera balloté en la même manière ; et ainsi de sui   jusqu'au dernier *Compétiteur* proposé pa   les Électeurs *du sort.*

V I I.

S'il arrivoit qu'aucun des *Compétiteurs* ne réunit les cinq-huitièmes en nombre des billes ou suffrages *confirmatifs*, l'Élection seroit à reprendre dans sa totalité, c'est-à dire qu'il faudroit avoir recours au sort pour faire de nouveaux *Electeurs.*

V I I I.

Si l'élection se prolongeoit au-delà du tems prescrit pour sa durée, dans le chapitre suivant, elle ne pourroit être reprise ni suivie ; il seroit au contraire indispensable de tout recommencer, comme si rien n'eut été fait.

CHAPITRE IV.

Combinaison du tems, tant à l'égard de la durée matérielle des Élections, qu'à l'égard de la durée de chacune de leurs parties intégrantes.

N. B. **Non seulement il est nécessaire que le Législateur prouve que ce qu'il propose est parfaitement conforme, dans la spéculation, aux raisons morales des choses ; mais il faut aussi qu'il rende sensible, que les moyens de ce qu'il propose sont simples et aisés à mettre en pratique.**

Les raisons morales de la manière de faire des élections sont et doivent être avouées par celle des Gouvernemens Populaires : car toute sureté, en tous genres, pour ceux de cette espèce, ne sauroit résulter que d'une impartialité nécessaire, et inaccessible aux suggestions des passions privées, dans la disposition des charges et emplois publics, et que de leur amovibilité saine et régulière. Mais il est à propos d'achever de convaincre que les modes en sont d'une grande *praticabilité*.

D'abord, les moyens qui viennent d'être offerts, et dont les principes ont eu leur application à l'égard d'une Assemblée de mille votans, moyennant la multiplication des instrumens matériels, l'extension des lieux, et celle de la durée, peuvent être mis en usage dans une assemblée bien plus nombreuse.

Nous croirions faire affront à la pénétration de ceux qui doivent nous lire, si nous développions ici les proportions à observer dans cette application. Nous leur observerons seulement que, au moyen d'une représentation par nombre, au lieu d'un vœu par individu, ces proportions peuvent devenir *inverses* aulieu d'être directes et progressives.

Persuadé que cette vérité sera facilement saisie par tous ceux qui, à la bonne foi d'une ame vraiment citoyenne, joignent des idées originelles et essentiellement vraies, nous allons leur présenter le calcul du tems nécessaire pour que les Élections, *duns les données* ci-dessus, soient bien et duement consommées.

I.

1°. Rassemblement des Votans, depuis 7 heures du matin jusqu'à 10... 3 heures.

2°. Reprise des planchettes ou numéros d'entrée par les dix Censeurs d'entrée de 10 à 10. 1\2 cc 1\2

3°. Préparation et mise en place des urnes pour la désignation par le sort des Électeurs depuis 10. 1\2 jusqu'à 11. 1\2 1 cc

4°. Ballotage du sort, nomination effectuée, et retraite par dix, des Électeurs dans les cham-

———————
4 1\2

Ci contre. . . . .   4 $\frac{1}{2}$

bres des suffrages, depuis 11. $\frac{1}{2}$

jusqu'à 12. $\frac{1}{2}$ 1   «

5°. Rapport des bulletins des
Électeurs du sort, depuis 12. $\frac{1}{2}$
jusqu'à 2 . . . . , . .   1 $\frac{1}{2}$

6°. Scrutin de confirmation,
ce qui fait la plénitude matérielle des opérations des Élections,
depuis 2 jusqu'à 3. $\frac{1}{2}$ . . .   1 $\frac{1}{2}$

____

Addition du tems. . . . . .   8 $\frac{1}{2}$

I I.

La promptitude de toutes les opérations
partielles, et celle par conséquent de l'ensemble de toutes celles qui concourent aux
Élections dont le mode vient d'être tracé,
dépendant essentiellement de l'ordre qu'il
faut y mettre et du silence qu'il faut y faire
regner, il sera pris des mesures pour que l'un
y soit toujours observé; et pour que l'autre,
y étant bien gardé, les Actes Nationaux
ayent le caractère sérieux dans lequel consis-
te la Majesté extérieure d'un Grand Peuple,
et dont résulte l'économie du tems.

I I I.

Il sera irrévocablement décidé, et de pratique constitutionnelle en tous lieux que le

tems utile et légal des Élections ne pourra être prolongé au-delà de celui du lever au coucher du soleil. S'il arrive qu'à cette dernière heure, une élection se trouve incomplette ou contestée; cette élection ne pourra être reprise ni continuée. Elle devra toujours être recommencée dans toutes ses parties à commencer par la nomination des électeurs du sort.

F I N.

E R R A T A.

N. B. *Le tumulte des circonstances durant lesquelles a été imprimée une partie de la premiere feuille de cet ouvrage, a été cause qu'il s'y est glissé les fautes de sens qui suivent.*

Page 9, Art. 4, *ligne* 2, huit cent Districts: *lisez* huit mille Districts.

idem, *ligne* 5 huit cent: *lisez* huit mille Districts.

idem, *ligne* 13, chaque Districts: *lisez* chaque District.

De l'Imp. de MAYER & Compagnie, rue St. Martin N°. 219, presque vis-à-vis la rue Maubuée.

www.ingramcontent.com/pod-product-compliance
Lightning Source LLC
Chambersburg PA
CBHW061313060726
47596CB00003B/865